Enfants d'ailleurs

racontés aux enfants d'ici

Écriture visuelle : Benoît Nacci
Mise en page : Lucile Jouret
Photogravure : MCP

© 2004, Hurtubise HMH ltée
pour l'édition française au Canada
© 2004, Éditions De La Martinière Jeunesse, Paris

ISBN : 2-89428-760-7

Dépôt légal : 4e trimestre 2004
Bibliothèque nationale du Québec
Bibliothèque nationale du Canada

Éditions Hurtubise HMH ltée
1815, avenue De Lorimier
Montréal (Québec) H2K 3W6
Tél. : (514) 523-1523
Télec. : (514) 523-9969

www.hurtubisehmh.com

Enfants d'ailleurs

racontés aux enfants d'ici

Textes :
Martine et Caroline Laffon

Dessins :
Geneviève Hüe

HURTUBISE
HMH

Sommaire

Ici et ailleurs

Si au Nord comme au Sud il n'y avait qu'une façon de vivre, quel intérêt y aurait-il à se rencontrer ?

Découvrir comment vivent les autres, leur cuisine, leurs vêtements, leur langue, est une aventure passionnante. Elle permet non seulement de savoir qui l'on est et d'où l'on vient, mais aussi d'entrevoir ce qui appartient à chaque culture en particulier et la constitue. Et lorsque l'on se connaît, il est plus facile de se comprendre.

La diversité est une vraie richesse, mais chacun constate aujourd'hui que ce qui fait partie quotidiennement de la vie des uns est parfois un véritable problème pour d'autres. Aller à l'école, se déplacer, se faire soigner, trouver de l'eau, de quoi manger, un lieu où dormir, avoir du temps pour jouer, est loin d'être facile pour tous. La liste est longue aussi des maltraitances, enfants soldats enrôlés de force dans la guerre, enfants livrés à eux-mêmes, exploités sexuellement, effectuant un travail bien au-dessus de leur force, sans tenir compte de leur âge… Les enfants d'ailleurs et les enfants d'ici n'ont pas les mêmes nécessités bien qu'ils aient tous les mêmes droits.

Dans ce livre, il ne s'agit pas de mettre en évidence les conditions de vie des enfants à travers le monde mais de proposer un autre regard sur la place qu'ils ont dans leur famille, l'apprentissage de leurs savoirs en fonction de leurs traditions, leurs jeux et leurs responsabilités. Être enfant en Asie, en Afrique ou en Europe, ce n'est pas la même chose. Les différentes conceptions de la famille et de la société, l'organisation de la vie quotidienne ne sont pas dues au hasard. Elles sont souvent liées aux

grands ancêtres fondateurs de la
tribu, du clan, du peuple auquel
on appartient. Les histoires que
l'on raconte de génération en génération, les mythes et les contes expliquent aussi comment chacun a sa
place dans sa famille, qu'il soit jeune
ou vieux, garçon ou fille…

Les règles de politesse et le respect des
anciens, les traditions, les rites religieux :
eux non plus ne sont pas innés mais sont
acquis grâce à ceux qui les transmettent.
Ce sont les parents, les grands-parents, parfois
même l'ensemble de la communauté, qui
apprennent aux enfants tout ce qu'il faut
pour se débrouiller un jour comme des grands et faire partie de
la société.

Le rôle de l'enfant et son statut sont donc bien différents d'un continent
à l'autre. Porter du bois ou de l'eau, cuisiner, nettoyer la vaisselle, s'occuper des plus petits, jardiner, garder le bétail… Si les parents demandent
aux enfants de devenir très vite autonomes, c'est parce qu'ils doivent
participer à la cohésion du groupe par la mise en pratique de ce qui leur
a été enseigné.

Les enfants de chaque peuple sont les gardiens de l'identité de celui-ci,
pour que ses traditions ancestrales ne disparaissent pas.

Si cela arrivait, l'appauvrissement des valeurs culturelles
qui en résulterait laisserait se profiler le risque
d'une « civilisation uniforme ».

Drôles de déjeuners

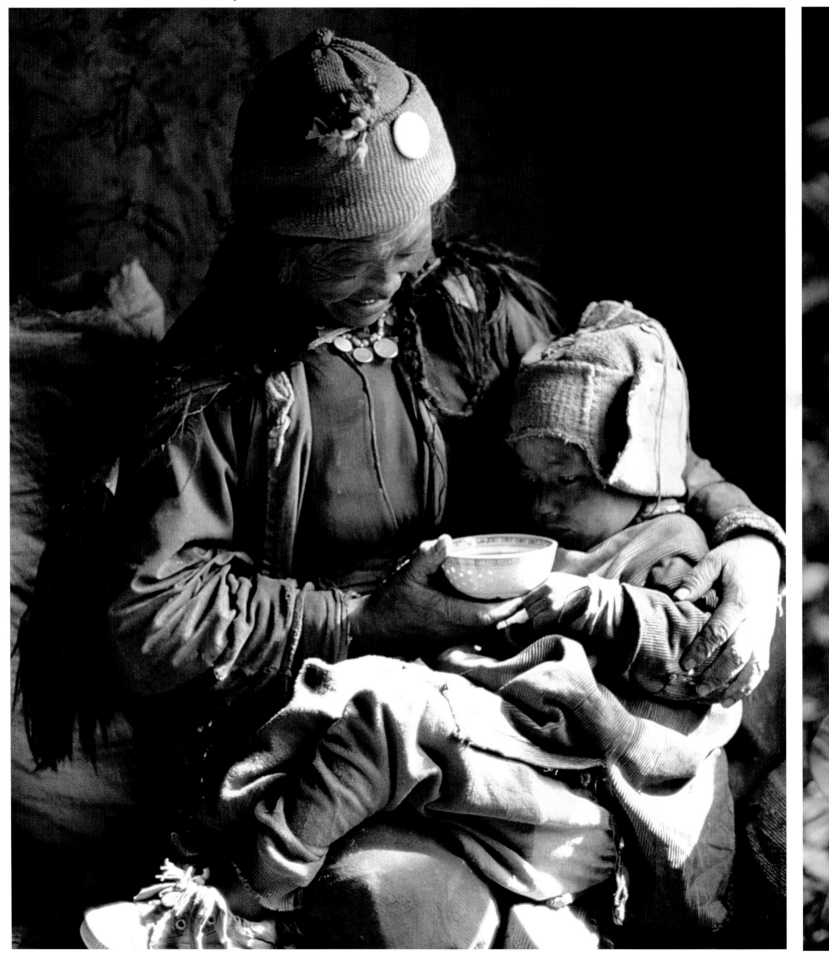

En Inde, dans la région de Zanskar, dans l'Himalaya, on boit dès le matin un thé beurré et salé. Au Cameroun, chez les Pygmées, on préfère manger des vers de karité, plat surnommé le « caviar de la brousse ».

Si à leur naissance tous les bébés de la planète boivent le lait de leur mère, vers l'âge de six mois, lorsqu'ils ont leurs premières dents, les aliments qu'ils goûtent sont vraiment différents selon l'endroit où ils vivent : des chenilles grillées, de la bouillie de manioc (un tubercule enfoui dans la terre), des galettes d'asticots, etc.

La culture à laquelle on appartient influence la préparation des plats et la manière de les manger. Ainsi, au petit déjeuner, on peut déguster du poisson cru avec du riz si l'on est au Japon, un bol de soupe aux nouilles en Chine ou du lait de dri (la femelle du yack) avec du thé dans l'Himalaya. La nourriture végétale ou animale ne sert pas seulement aux besoins du corps, elle peut aussi lui apporter d'autres énergies, plus symboliques. Ainsi, pour acquérir la même force que le bœuf, leur animal fétiche, les Massaïs, au Kenya, ajoutent un peu de son sang à leur farine de mil. Dans d'autres pays d'Afrique, il faut boire du lait avec de la salive, eau sortie de la bouche comme la pluie sort du ciel, pour obtenir prospérité et fécondité. Chaque culture possède ainsi ses propres codes alimentaires.

Selon les continents, les petits-déjeuners peuvent se composer d'ingrédients aussi différents que la cannelle, le piment et le poisson cru.

Manger avec les mains

Au Niger, à la cantine de l'école, les filles
se partagent un plat de mil, une céréale, mélangé
à de la viande. Chacune pioche dedans en faisant
attention à respecter des portions équitables.

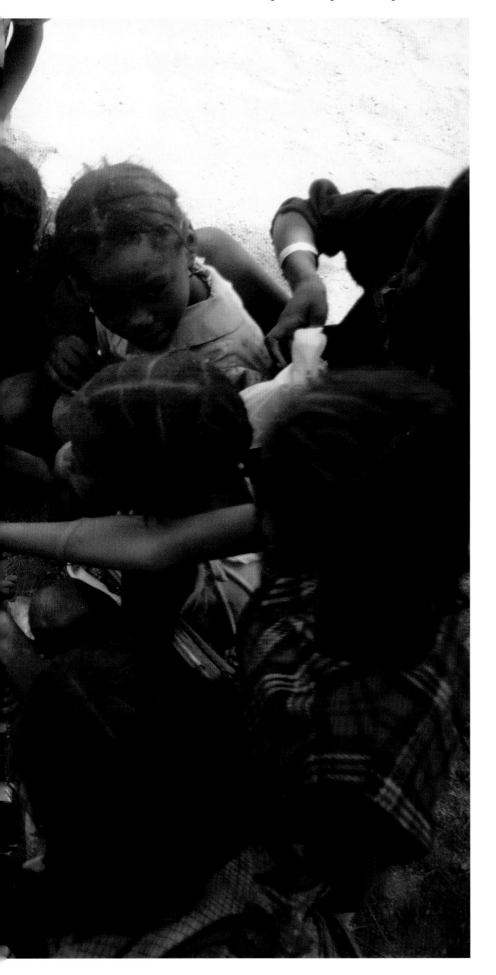

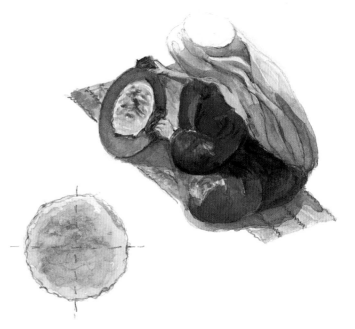

Pour manger seul et comme
il convient, il faut apprendre
les bons gestes dès le plus jeune âge.
Les règles à respecter varient selon les
cultures. Par exemple, manger avec sa
main ne signifie pas manger n'importe
comment. Toute nourriture étant un
don des dieux, les Indiens utilisent
uniquement leur main droite pour se
nourrir, après l'avoir parfaitement nettoyée. Dans leurs
croyances religieuses, la main gauche est considérée
comme impure, c'est la main de l'instinct, tandis que la
droite est celle de la sagesse. La politesse exige donc de
prendre la nourriture lentement, avec les trois premiers
doigts de la main droite, en veillant à ne pas les salir au-
delà de la première phalange.

En Afrique, les enfants piochent dans des plats
collectifs. Ils tiennent le rebord du plat d'une main, en
général la gauche, et roulent de l'autre la pâte de mil ou
de sorgho (des céréales), sur le pourtour du plat.
Ensuite, ils trempent les boulettes ainsi confectionnées
dans un plat de sauce posé à côté. Là-bas, il ne faut pas
regarder les autres manger car ce serait les offenser. Ils
pourraient penser que l'on surveille la quantité de nourriture prise dans le plat.

En Turquie, on mange dans le plat
en s'aidant de galettes de blé.

Ustensiles particuliers

Le maniement de l'œuf d'autruche est délicat car il est fragile. C'est pourtant un apprentissage nécessaire pour survivre dans le désert de Namibie, en Afrique, car l'œuf est utilisé comme gourde.

La cuillère, la fourchette et le couteau dont se servent les Occidentaux seraient-ils plus difficiles à manier que les baguettes pour les Asiatiques ? Celles qui sont utilisées quotidiennement, bon marché, sont fabriquées en bambou ou en plastique. D'autres, en ivoire ou en argent, sont réservées aux repas de fête. En Chine, dès que les enfants savent utiliser les baguettes, vers trois ans, ils évitent d'approcher leur bol de leur bouche, montrant ainsi qu'ils ne sont pas des goinfres.

Les enfants Bochimans, en Namibie, apprennent, eux, à boire dans une gourde en œuf d'autruche, un récipient ingénieux qui ne nécessite aucune fabrication. La coquille de l'œuf garde l'eau fraîche. Une fois que les enfants ont bu une gorgée, ils enterrent l'œuf dans un trou pour que l'eau reste au frais et ne s'évapore pas, car c'est un bien très précieux dans ce pays aride.

Dans l'Orissa, en Inde, les enfants Bondos mangent leur riz dans une feuille d'arbre. Le déjeuner terminé, cette feuille sera donnée aux vaches qui déambulent dans le village, pour qu'elles puissent manger elles aussi. Ainsi, rien n'est perdu !

Aspirer ses nouilles bruyamment est un bon moyen de ne pas se brûler en les mangeant : de l'air entre dans la bouche en même temps et les refroidit.

Repas de famille

Dans la région du Ladakh, dans l'Himalaya, les repas se prennent en famille, toutes générations confondues. Parents et grands-parents vivent sous le même toit.

Dans de nombreux pays d'Asie et d'Afrique, que l'on soit fille ou garçon, chacun a une place bien définie et un rôle à tenir, selon sa classe d'âge et son rang, à l'intérieur d'une famille parfois élargie aux oncles, tantes, cousins et grands-parents. Dans les cultures traditionnelles, le repas est souvent un moment intime fort. Par crainte d'une trop grande proximité entre les sexes, filles et garçons sont donc souvent séparés. Chez les Dogons, au Mali, le père mange avec ses fils et la mère avec ses filles ; il en est de même chez les Yassas, au Cameroun. On retrouve également cette répartition selon les sexes dans de nombreuses cultures musulmanes.

Dans les sociétés les plus pauvres, les enfants mangent ensemble et veillent eux-mêmes à ce que chacun ait une part convenant à son âge. Chez les Himbas, en Namibie, nomades et éleveurs de bétail, l'enfant, quel que soit son sexe, habite chez son père qui détient l'autorité et transmet les pratiques religieuses, mais il mange chez sa mère qui a le contrôle sur les réserves de nourriture et sur les biens de la famille.

En Thaïlande, les petits moines prennent leur repas dans la pagode (un temple).

Jeunes chasseurs

Au Brésil, de jeunes Indiens Xingus s'entraînent à pêcher avec leurs arcs. Ils manient avec précaution leurs flèches de curare, un poison mortel.

Savoir chasser, pêcher ou rapporter un gibier est une façon pour un jeune Indien Jivaro, en Amazonie, de montrer qu'il grandit et qu'il est capable de se débrouiller seul pour survivre. Dès l'âge de quatre ans, les garçons possèdent leur sarbacane miniature. À six ans, on leur offre des fléchettes et un carquois de chasseur, pour s'entraîner à proximité du campement. Si un enfant tue un oiseau, il le rapporte à sa mère pour qu'elle le cuise, mais il n'en mange pas avant d'avoir l'âge de chasser seul ; selon une croyance jivaro, en effet, cela lui porterait malheur. Il devra attendre pour manger le fruit de sa propre chasse. À neuf ans, quand il devient plus adroit, il peut enfin partir en forêt avec son père. Même si la chasse a été bonne, il n'aura droit qu'à un seul morceau de viande : c'est un moyen pour les parents Jivaros de ne pas habituer leur enfant à manger plusieurs rations. Il risquerait ensuite de ressentir la faim plus facilement et de réclamer en cas de manque de nourriture.

Une bonne pêche pour ce jeune garçon !

Plats d'exception

Un apprenti bonze (futur prêtre) part quêter de la nourriture pour le monastère. Au fur et à mesure, il placera ces dons dans les petites boîtes à repas en laiton.

En Asie du Sud-Est – en Birmanie, au Laos, au Vietnam ou en Thaïlande –, comme le veut la tradition bouddhiste, les petits garçons de tous les milieux sociaux, entre sept et neuf ans, ou plus tard lorsqu'ils sont adolescents, partent vivre dans un monastère. Pour s'initier à la vie spirituelle, ils y restent de sept jours à trois mois. Les enfants partagent la vie des prêtres. Ils apprennent l'humilité et la frugalité. Comme eux, ils mangent une nourriture simple : un bol de riz et des fruits le matin avant la prière. Ensuite, ils partent sur les routes mendier leur nourriture pour la journée. Cette expérience marquante les aidera à construire leur vie d'adulte. Ils se souviendront que rien n'est acquis dans la vie et que l'on doit rester maître de soi malgré la faim.

Au Kenya, c'est plutôt avec sa famille et sa communauté que l'on fêtera le passage de l'enfance à l'adolescence. Pour l'occasion, les jeunes Samburus mangent de la moelle de bœuf, non pas pour se nourrir mais pour posséder l'énergie vitale de cet animal. Elle leur permettra de devenir de bons chasseurs et les protégera des blessures.

Un bol de riz et un « fruit du dragon » en guise de petit-déjeuner.

L'heure du bain

À gauche, un enfant Samburu, au Kenya, fait sa toilette dans un tronc d'arbre évidé. À droite, en Côte d'Ivoire, on nettoie le corps d'une petite fille avec des plantes utilisées comme savon.

Dans les pays où l'eau est rare, les enfants apprennent à l'économiser. C'est une question de survie, car, dans certains villages africains, le premier point d'eau se trouve parfois à plusieurs kilomètres de marche. Il n'est donc pas question de la gaspiller. Les femmes et les enfants rapportent l'eau dans des calebasses ou des bidons, selon la quantité que chacun peut porter. Cette eau sert à se laver, à boire, à cuire les aliments, à rincer les récipients et à abreuver les animaux.

Si l'eau à proximité est plus abondante et qu'elle forme un marigot, sorte de grande mare, on peut se laver tous ensemble. Ce bain collectif pour les enfants Bakokos, au Cameroun, est une initiation à la pudeur. Lorsqu'ils se lavent en se frottant mutuellement le dos avec un mélange d'herbes et de sable, ils veillent à ne pas regarder le corps de l'autre trop en détail. Ce serait lui manquer de respect, et aussi lui voler un peu de son âme. De retour au village, chacun s'enduit la peau avec du *minyinga,* de l'huile de palme obtenue à partir du noyau des fruits des palmiers à huile, pour l'adoucir et la faire briller.

Pour se brosser les dents, en Afrique, on utilise souvent un petit bâton de bois.

Salon de coiffure

Au Niger, réaliser une coiffure complexe demande plusieurs heures de tressage et beaucoup de patience.

Dans toutes les cultures, on dit que les cheveux sont le fil de l'âme. Confier sa coiffure à quelqu'un d'autre, c'est lui confier une partie de soi-même. Les femmes africaines enseignent à leurs filles que la coiffure est une identité ethnique : la manière dont on se coiffe indique à quel peuple on appartient. Les dessins et les formes des tresses, pour ceux qui savent décrypter leurs messages, ont plein de choses à dire. Certains modèles s'appellent ainsi « Je suis riche » ou « Mon mari est notable ». D'autres indiquent « Chéri, regarde mon visage » ou « Chéri, je t'aime ». On peut aussi y lire un signe de statut social, l'indication qu'une femme est mariée ou, au contraire, célibataire…

Autrefois, dans les villages, il y avait une tresseuse professionnelle que l'on payait : c'était la femme du forgeron, celui qui présidait aux fêtes et aux cérémonies religieuses. Se faire tresser les cheveux avait alors un caractère sacré. Aujourd'hui, on ne fait appel à la tresseuse que pour les fêtes de famille ou les rites d'initiation.

« Cacao », « ananas », « sillon » sont les noms des coiffures africaines les plus compliquées.

Têtes en fête

Au Mali, en pays dogon, composer des tresses avec des perles multicolores est un signe de fête.

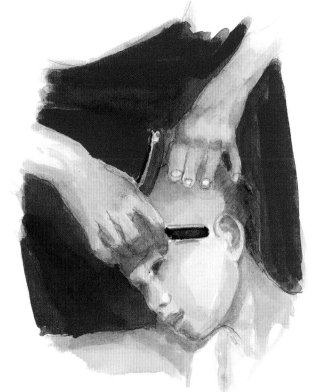

Les fêtes traditionnelles et rituelles renvoient bien souvent à des mythes qui expliquent le commencement du monde. Pour les Dogons, au Mali, la fête la plus importante est celle du Sigui, qui a lieu tous les soixante ans. Durant cette cérémonie, les jeunes garçons doivent demander pardon au Grand Ancêtre. Ils ont été choisis dans chaque village pour ce rituel. On leur rase la tête et on les coiffe d'une parure en coton blanc brodée de coquillages, de colliers, de bracelets et d'anneaux d'oreilles. Pendant quelques jours, les aînés leur apprendront la langue secrète des Dogons et aussi tous les rites propres à leur culture.

En République centrafricaine, les jeunes filles Shaïs portent, une seule fois dans leur vie, des coiffures très sophistiquées qui marquent leur entrée dans l'âge adulte. La veille de la cérémonie, les femmes de la famille coiffent les jeunes filles. Celles-ci doivent rester immobiles toute la journée, le temps de réaliser ces véritables chefs-d'œuvre. Heureusement, ces tresses faites de joncs et de cordes teintés de noir dureront six jours.

Un moine bouddhiste rase le crâne d'un garçon admis à la pagode, symbole d'humilité et de soumission à Bouddha.

Le plus petit des vêtements

Chez les Ndébélés, en Afrique du Sud, on porte des cache-sexe en cuir cousus de perles.

Un homme bien vêtu est un homme respecté autant que respectable. Celui qui est nu est sans parole. C'est ce que pensent les Dogons, au Mali. Mais, pour être habillé, il suffit de peu de chose. Le cache-sexe est le plus petit des vêtements. Ce carré de tissu ou de cuir sert à protéger le sexe du regard des autres et doit aussi éloigner les forces malfaisantes. Celles-ci cherchent en effet à s'introduire à l'intérieur du corps par ses orifices naturels, dont le sexe et l'anus.

Si les Wayapis, en Guyane, teignent en rouge leur *kalimbé,* leur cache-sexe, c'est pour repousser les insectes et les mauvais génies du fleuve. Au sud-ouest de l'Éthiopie, les Hamars cousent des cauris, coquillages ovales et blancs, symboles de fécondité, sur le cache-sexe des petites filles. Ainsi, selon leurs croyances, elles auront de nombreux enfants. En Afrique du Sud, les Ndébélés y ajoutent de petites perles colorées. Bien souvent, la couleur du cache-sexe et les ornements qui y sont ajoutés ont une valeur magique de protection ou de répulsion.

Bracelets de pied et talisman africain orné de cauris, des petits coquillages blancs, symboles de fertilité.

Du froid au chaud

Que l'on vive dans les froids sibériens ou sous le soleil du Ghana, on portera des vêtements adaptés au climat. Au choix, manteau en peau de renne ou pagnes tissés en coton.

À chaque pays son climat et, pour résister à des températures parfois extrêmes, les vêtements doivent être adaptés. Au Ghana, les petites filles apprennent vite l'art d'enrouler leur pagne, grand rectangle d'étoffe de coton, également utilisé par la maman pour porter son bébé sur le dos et le protéger du soleil. Lorsqu'un enfant part loin de son village, la coutume veut que sa mère lui donne le pagne qu'elle portait lorsqu'elle l'allaitait. Il emporte ainsi avec lui un peu de son enfance…

Du soleil, les enfants du pôle Nord n'en voient pas beaucoup. Si aujourd'hui les vêtements de cuir ont été remplacés par les anoraks, pendant des millénaires les femmes Inuits ont fabriqué des vêtements en peau de renne ou de caribou, de la culotte à la chemise en passant par les bottes. Il n'existait alors rien de mieux que ces fourrures pour résister à des températures extérieures de – 40° en hiver. Les filles apprenaient à coudre dès leur plus jeune âge : des années de pratique étaient nécessaires pour obtenir des points de couture si serrés qu'ils ne laissaient pas passer l'air glacial.

Sandalettes de corde et de bois en Birmanie.

Hauts en couleurs

Le maquillage rituel est un moyen de se protéger des animaux pendant la chasse au Cameroun, de communiquer avec les ancêtres en Papouasie-Nouvelle-Guinée ou bien encore de célébrer une fête en Côte d'Ivoire.

En Occident, les femmes se fardent seulement pour embellir leur visage. Dans d'autres pays, le maquillage est un symbole fort et, pour certaines cérémonies, hommes et femmes se peignent le corps tout entier. Quand on orne celui d'un enfant, c'est souvent pour marquer une étape, un changement dans sa vie.

En Afrique, le noir est la couleur de la maturité, le blanc celle du surnaturel et le rouge est utilisé lors des initiations. En Éthiopie, chez les Surmas, on dessine avec du calcaire sur le corps des enfants une armure blanche pour les « combats de bâton », une grande fête au cours de laquelle plusieurs villages s'affrontent. C'est l'occasion d'expliquer aux garçons le sens de cette coutume : il faut se montrer beau et fort pour attirer l'attention d'une jeune fille. En Papouasie-Nouvelle-Guinée, on s'applique sur le visage une pommade rouge. Cette couleur représentant la vie, elle donne de la force à celui qui la porte. Chaque jour, les Indiens Xingus, au Brésil, s'enduisent le corps du jus des baies de *l'urucú*, un arbre de la forêt. Un maquillage utile puisqu'il masque leur nudité tout en les protégeant des insectes.

Pot à henné, une plante qui teinte la peau en orangé.

Tatouages au henné.

L'art de la parure

Au Kenya, on ne dit pas boucles d'oreilles, mais « bouchons d'oreilles » pour parler des ornements des enfants Massaïs, qui en portent quel que soit leur sexe.

Si le piercing est à la mode en Occident, il y a bien longtemps que différents peuples du monde le pratiquent sur leurs corps ou leurs visages. Chez les Massaïs, au Kenya, dès l'âge de cinq ans, les enfants ont les oreilles percées et leurs lobes sont lentement étirés à l'aide de cercles en bois de plus en plus grands. À l'adolescence, les trous dans les lobes peuvent même atteindre plusieurs centimètres ! Ils marquent la croissance des enfants et symbolisent aussi la sagesse de « celui qui écoute ». En Amazonie, les Indiens Kayapos percent les oreilles de leurs enfants dès la naissance et les ornent ensuite de morceaux de bois rouges représentant en général l'animal totémique du clan dont l'histoire est racontée dans les légendes. S'il s'agit d'un garçon, on fixera également des perles de verre dans sa lèvre inférieure. Lorsqu'il parlera, marchera et mangera tout seul, on lui enlèvera ses boucles d'oreilles. Ses cheveux seront alors coupés très court et l'on pourra enfin dire : c'est un garçon ! Les filles, elles, garderont ces bijoux d'oreilles toute leur vie.

Un haut collier en laiton et en spirale, symbole de la beauté chez les Karens, en Birmanie.

Cases et maisons

Sur le toit-terrasse d'une maison en terre au Togo, les enfants aident à ranger la récolte dans les greniers.

Dans les montagnes du nord du Cameroun, chez les Moufos, une maison s'appelle une concession. Il s'agit d'un ensemble de six ou sept cases, construites en terre avec un toit de paille de mil, qui communiquent entre elles par un long couloir sombre. Chacune de ces cases possède une fonction particulière : réserve de plantes et de céréales, chambre pour la mère et ses jeunes enfants, etc. La pièce du chef de famille est interdite d'accès à tout le monde, en signe de respect. Y pénétrer sans son consentement serait un manquement grave à son égard. Quand un enfant atteint l'âge de douze ans, on lui construit sa propre case, qu'il partagera plus tard avec ses cadets. C'est aussi le moment où on lui confie des tâches plus importantes, comme surveiller le « bœuf de case », un jeune taurillon emmuré dans une étable creusée en sous-sol au milieu de la concession. L'animal y sera engraissé jusqu'à la fête annuelle du village, au cours de laquelle il sera sacrifié en hommage aux dieux et afin de s'assurer une bonne année de récoltes.

Certaines maisons en Afrique, appelées concessions, laissent apparaître un dédale de cases.

Survie dans le désert

Les Himbas, en Namibie, peuple nomade, vivent dans des huttes recouvertes de couvertures colorées. Ils les construisent au fur et à mesure de leurs déplacements.

Apprivoiser le désert, c'est une façon d'apprendre la vie nomade. Celle-ci s'organise autour de la vie des vaches, des bœufs et des chèvres. Comme les éleveurs se déplacent tout au long de l'année du sud de l'Angola au nord-ouest de la Namibie pour chercher de quoi nourrir et abreuver leurs troupeaux, leur hutte doit être construite rapidement. Faite de branchages et de torchis, un mélange de terre et de bouse, parfois recouverte d'une couverture colorée, elle sert d'abri pour la nuit, pendant quelques semaines seulement. Mais, en été, quand les points d'eau s'assèchent plus vite et qu'ils ne suffisent plus au bétail, les Himbas, en Namibie, se déplacent presque chaque jour. Alors, pour gagner du temps, ils ne démontent même plus leurs huttes. Elles restent sur place, fermées par quelques branches jusqu'au prochain passage.

De campement en campement, les enfants s'initient ainsi au respect de leur environnement en apprenant à se servir du strict minimum, car tout dans la nature est précieux : les arbres, l'eau, la nourriture. C'est un enseignement nécessaire à leur survie.

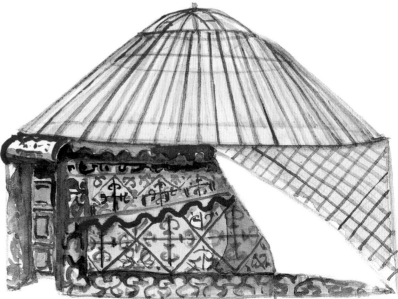

La tente des nomades de Mongolie est appelée gher.

Dormir au pôle Nord

Au Canada, un enfant Inuit se réveille en douceur en essayant, selon sa croyance, de ne pas effrayer l'« âme du sommeil » partie pendant la nuit et qui doit réintégrer le corps.

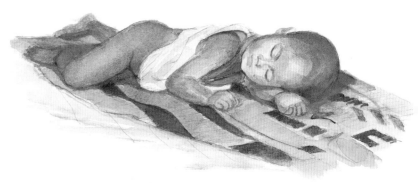

Comme le dit un proverbe, « l'avenir appartient à ceux qui se lèvent tôt » ! C'est sans doute pour cela que bien des parents occidentaux n'aiment pas voir leurs enfants paresser au lit. Pourtant, au pôle Nord, chez les Inuits, on encourage plutôt cette pratique car les nuits d'hiver sont longues et le soleil n'apparaît pas longtemps. Tout le monde peut dormir jusqu'à quinze heures d'affilée, une vraie hibernation ! Cette coutume se perd, mais elle avait autrefois une utilité, lorsque les chasseurs partaient traquer les phoques pendant presque trois jours sans rentrer chez eux. Il fallait donc apprendre aux jeunes garçons à ménager leurs forces et à faire, pour ainsi dire, provision de sommeil. Aujourd'hui, filles et garçons connaissent toujours, en plein cœur de l'hiver, des réveils en douceur vers 11 heures du matin. Selon la mythologie inuit, l'homme aurait deux âmes : l'« âme de la vie », logée à la base du cou, et l'« âme du sommeil », sous le diaphragme. Se réveiller trop brusquement mettrait alors en danger l'âme du sommeil qui, partie pendant la nuit, aurait besoin de réintégrer le corps.

Selon les cultures, les enfants adoptent des positions différentes pour dormir.

Aider ses parents

En Afrique, les enfants les plus jeunes se rendent au marigot, une petite mare, après les repas pour nettoyer les calebasses.

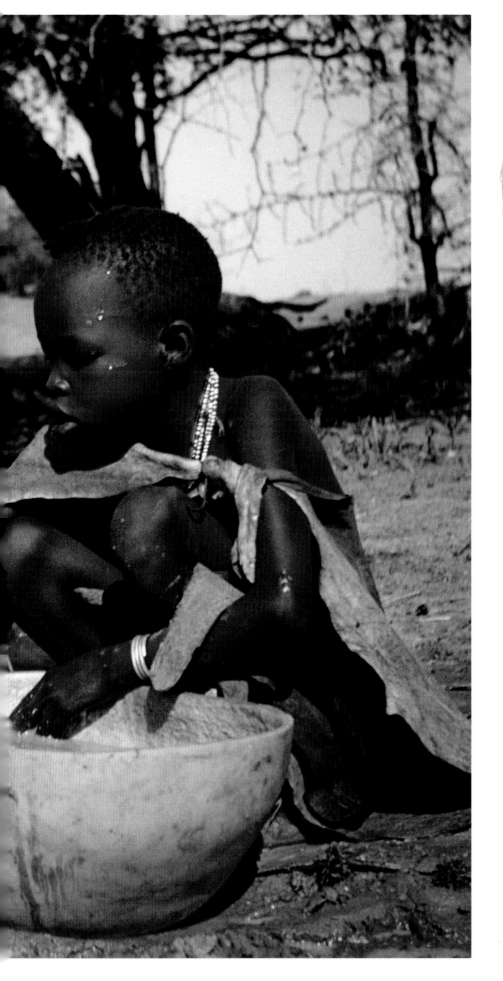

En Afrique, le respect dû aux parents est encore une valeur fondamentale. Personne ne proteste contre les tâches pour aider la famille. Il est naturel d'obéir à l'autorité. En pays dogon, au Mali, les enfants possèdent même leurs propres outils miniatures pour aider leurs parents dans les travaux des champs. Avec leur mère, filles et garçons apprennent à reboucher d'un coup de talon les trous creusés dans la terre puis remplis de graine. On leur confie ensuite le soin de protéger ces nouvelles semences contre les oiseaux. Les garçons les chassent avec leur fronde. De leur côté, les filles se risquent à tenir, en équilibre sur leur tête, des poids de plus en plus lourds, car il leur reviendra bientôt la charge de rentrer les récoltes dans les greniers et de transporter de l'eau. Quant à la vaisselle, elle est réservée aux plus petits, car les parents veillent à adapter les tâches aux capacités de chacun.

Une jeune Indienne va chercher de l'eau avec sa bassine sur la tête.

À chacun sa tâche

À Madagascar, rien de tel qu'une invention personnelle comme cette « brouette- poussette » pour promener ses frères et sœurs lorsque les parents sont absents.

Dans de nombreuses cultures, on considère qu'à partir de sept ans un enfant est suffisamment responsable pour s'occuper de ses frères et sœurs en l'absence de ses parents. À lui de les faire jouer, de leur donner à manger ou encore de veiller sur eux pendant leur sommeil. Garder les enfants en bas âge est l'une des rares activités partagées par les filles et les garçons, car, pour le reste, chacun suit les traces du parent du même sexe. Ainsi, en Afrique, les filles observent leur mère pour apprendre à se servir correctement d'un pilon. En bois très dur et pesant quatre kilos, cet outil encombrant permet de réduire les condiments en purée et les tiges de mil en farine. Les garçons sont plutôt présents dans les champs auprès de leur père, oncles et cousins agriculteurs. Mais, que l'on soit fille ou garçon, ces apprentissages sont toujours difficiles et, chez les Bambaras, au Mali, un bon moyen de retenir l'essentiel est de le faire en chansons ou grâce à des plaisanteries.

Dans de nombreux pays, veiller sur les plus jeunes est l'une des premières tâches que les enfants se voient confier par la famille, dès l'âge de sept ans.

Se déplacer

En Mongolie, dans le désert de Gobi, les enfants savent très tôt monter et se déplacer à dos de chameau. Dans de nombreux pays, les parents demandent aussi à leurs enfants de garder les animaux.

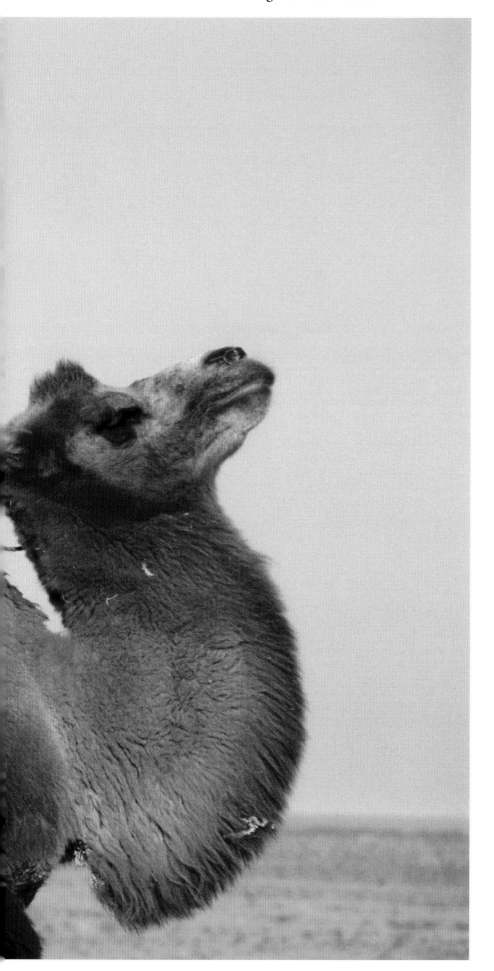

En Birmanie, dès que les enfants des tribus Mokens, surnommées les « nomades de la mer », savent nager et sont suffisamment forts, ils possèdent leurs propres barques. Comme leurs parents qui se déplacent au fil de l'année de lagon en lagon, sur les côtes birmanes et thaïlandaises, ils forment une flotte et déambulent parmi les villages lacustres, entièrement construits sur l'eau, et les marchés flottants. En Mongolie, on peut, dès l'âge de cinq ans, se hisser à dos de chameau. Dans le désert de Gobi, en Asie centrale, ce sont ces animaux qui, pendant des siècles, ont aidé les nomades à transporter leur matériel. Il n'en fallait pas moins de deux pour déplacer une *gher,* leur maison mobile faite de bois et de feutre. En Chine, il n'y a rien de mieux que le vélo, moyen de transport national. Plus économique qu'une voiture, il permet de se faufiler dans les ruelles et la circulation très dense. Certains n'hésitent pas à faire grimper toute la famille dessus en même temps. Mais attention, cette pratique n'est pas sans risque, encore plus si l'on se déplace à moto.

Au Vietnam, un panier accroché au vélo sert parfois de porte-bébé.

Savoir parler

Apprendre les danses sacrées, au Cameroun, permet de connaître l'histoire de ses ancêtres et les mythologies liées à sa culture.

Un proverbe africain dit : « Celui qui sait parler possède le monde. » Sur un continent où les grands récits des ancêtres ont été racontés bien avant d'être écrits, apprendre à parler correctement est essentiel, car celui qui est savant pourra toujours s'en sortir. Alors, tant que la mère porte son enfant sur son dos, elle lui parle comme à un bébé et, plus tard, lorsqu'il sait marcher, elle s'adresse à lui comme à un adulte. Puis, quand il part travailler dans les champs au côté de son père, celui-ci lui dévoile les subtilités de leur langue. Les proverbes et les devinettes aident les enfants à comprendre la richesse de la culture orale, car manier les mots, faire de l'humour, s'exprimer en public, permet de se distinguer. Mais « les pattes de derrière d'un bœuf en marche ne devancent jamais celles de devant », dit le proverbe sahélien. Cela signifie qu'il faut rester à sa place et respecter le savoir de ses aînés.

Les masques sont une des représentations de l'art sacré africain.

51

Lire et écrire

Dans une école bouddhiste, en Inde, les enfants apprennent les textes sacrés en plus des disciplines classiques.

Il y a bien longtemps, l'écriture n'existait pas. La parole, le geste et la musique suffisaient à nos lointains ancêtres pour communiquer entre eux. C'est en dessinant des signes et en les associant que les hommes inventèrent l'écriture, il y a plus de 5 000 ans. La première écriture connue est celles des Sumériens, en Mésopotamie. L'écriture chinoise, vieille de 4 500 ans, est aujourd'hui la seule écriture sans alphabet. Chaque idéogramme représente un mot ou une idée, et non un son. Cette particularité tient au fait que tous les mots n'ont qu'une seule syllabe. Parmi les 6 703 langues qui existent, le chinois mandarin est la plus parlée dans le monde, devant l'anglais, le français, l'espagnol, l'arabe, le bengali et l'hindi, deux langues indiennes. Les formes de l'écriture dépendent, elles, du support sur lequel on écrit – bois, papier, pierre – et de l'instrument dont on se sert – plume, pinceau ou stylo. Les Chinois utilisent l'encre et le papier depuis 2 000 ans. Ils ont élevé l'écriture au rang d'art : la calligraphie.

Le tifinagh est un ensemble de signes géométriques qui forme l'alphabet touareg.

Rentrée des classes

À gauche, des enfants du Niger sont à l'école sous une tente. À droite, en Mongolie, l'instituteur accompagne les enfants des nomades durant leur voyage avec leurs parents, éleveurs d'animaux.

Chaque année, la rentrée des classes est un moment important pour les écoliers du monde entier. Autrefois, l'arrivée à l'école d'un enfant brahmane, une caste religieuse d'Inde, donnait lieu à une cérémonie. À cette occasion, ses parents lui offraient une petite plaque d'argent et une minuscule plume d'or. La plaque d'argent était recouverte d'une poudre rouge sur laquelle le prêtre de la famille inscrivait en sanskrit, langue des textes sacrés : « Salutation à Ganesha, salutation à Siddha, salutation à Sarasvati. » Après avoir répété trois fois ces prières en l'honneur des dieux, l'enfant devait les réécrire en suivant le modèle tracé. Dans l'Inde traditionnelle hindoue, l'enseignement était dispensé à la maison ou dans des écoles religieuses. Le maître devait transmettre gratuitement ses connaissances, car il était indigne de faire commerce de son savoir. Aujourd'hui, tous les enfants se retrouvent à l'école.

Matériel de calligraphie.

Jeux de société

Partout dans le monde, les enfants jouent aux mêmes jeux. Ils les adaptent juste à leur environnement. Des garçons Miaos, au nord du Vietnam, font une partie d'osselets.

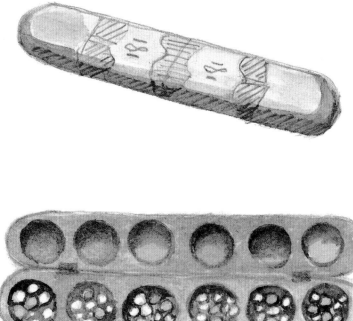

Au commencement du monde, quand le ciel était près de la Terre, les mères attrapaient les étoiles pour les donner à leurs petits garçons en guise de jouets. C'est ce que raconte une légende dogon, au Mali. Aujourd'hui, les enfants de ce pays font plutôt des parties de sey, un jeu de tactique et de cache-cache. On choisit un caillou, puis on creuse des petits trous devant soi, espacés de quelques centimètres. Le but du jeu est de faire semblant de passer le caillou de trou en trou, puis de le cacher dans l'un d'eux. À l'adversaire de savoir le retrouver. De nombreux jeux dans le monde consistent à dissimuler des objets. Au Bénin, les filles préfèrent jouer au dosu. Elles enterrent un anneau dans le sable et font autant de tas que de participantes ; chaque joueuse choisit un tas et celle qui trouve l'anneau mène à son tour la partie. Le matériel de ces jeux – cailloux, pierres, terre, graines de haricot, fèves – est simple et se trouve facilement dans les cours des maisons et dans les jardins.

Jeu de stratégie africain : l'awalé.

En plein air

La balançoire est un jeu que l'on retrouve sur tous les continents. Ici, en Sibérie, un petit garçon Nénet se balance à côté du campement de ses parents.

Qu'elle soit en bois ou en corde, la balançoire a toujours du succès. Mais, en Inde, la balançoire est plus qu'un jeu : elle possède un caractère sacré. Les légendes racontent que ce mouvement de bas en haut représente le renouveau de la nature au printemps. Autrefois, en hommage à Kama, dieu de l'Amour, et à Krishna, dieu des Troupeaux, un prêtre organisait une cérémonie et montait sur une balançoire. Ses allers-retours entre le ciel et la Terre symbolisaient la pluie. Le prêtre aidait ainsi les divinités à faire pousser les cultures. Mais les jeux ne sont pas toujours l'expression de légendes ou de rites. Si les enfants aiment se faire peur en escaladant un mur, en grimpant aux arbres ou en glissant sur un toboggan, ils aiment aussi se battre avec des armes miniatures. Au Mali, on trouve des fusils en bois, au Turkestan, des lance-pierres pour boulettes d'argile et, au Paraguay, des pistolets en bambou. Les petits Philippins se verront parfois offrir un coq qu'ils dresseront au combat. Partout, jouer à se battre est un bon moyen de se défouler et de canaliser la violence.

Au Mexique, les enfants jouent à se combattre avec des masques et des sabres en bois.

Jouer à la poupée

Une petite fille Ndébélé, en Afrique du Sud, joue avec un poupon en plastique. Les poupées traditionnelles, derrière, sont réservées aux rites religieux.

En Afrique, on ne joue pas à la poupée comme on le fait en Occident. Dans les villages, les poupées ont été pendant longtemps des objets sacrés. Elles étaient sculptées dans du bois par le forgeron, l'homme qui préside aux rites religieux. La femme achetait une poupée pour avoir de nombreux enfants. Après la naissance de son bébé, elle enduisait la poupée de beurre de karité puis l'humectait avec une goutte de lait. C'était une façon de remercier les divinités d'avoir attiré ce nouveau-né dans le monde des humains et de l'avoir protégé à sa naissance. Si le bébé était une fille, sa mère lui offrait ensuite la poupée qui perdait alors sa fonction rituelle pour devenir un simple jouet. Si par mégarde il arrivait à la petite fille de la casser, c'était un mauvais présage. Pour s'amuser, les jeunes Africains modèlent avec de la glaise des maisons et des figurines de forme humaine. De temps en temps, un vieil oncle, ou une grand-mère, leur conseille d'aller en déposer une ou deux sur l'autel des ancêtres. C'est une manière de rendre hommage aux morts. Aujourd'hui, lorsque, dans un village, on voit des enfants africains jouer avec des poupons en plastique rose, c'est le signe que les anciennes traditions ont évolué.

Poupée sacrée ashanti et statue yoruba.

Petits débrouillards

Dans un village dogon, au Mali, les enfants ont fabriqué des vélos en bois, un modèle d'ingéniosité et de savoir-faire.

Pour fabriquer des jouets, les enfants africains ont appris à recycler tout ce qui se trouve dans leur environnement : bouteilles en plastique, calebasses, feuilles de palmier, capsules, tissu, chambres à air usagées, ressorts de matelas... Toutes ces trouvailles seront bientôt tordues, modelées, soudées, pour se transformer en camion, en mini-poste de radio, en voiture, en baby-foot, copiés sur les modèles des jouets occidentaux. Les filles préfèrent se fabriquer des poupées en feuilles de maïs, bois et chiffon. Au Vietnam, les enfants confectionnent des jouets miniatures avec des morceaux de fruits, de légumes et de végétaux. Par exemple, pour faire un buffle, ils choisissent une pomme de terre et y enfoncent six petits bâtonnets de bambou pour figurer ses pattes et ses cornes, puis ils le posent devant eux et se mettent à chanter :

« La buffletine est la mère du buffle
Avec un couteau, je coupe sa tête que j'offre en sacrifice au roi. »

Ils lui tranchent ensuite la tête et mordent dedans, imitant, en s'en moquant gentiment, les rites religieux de leurs parents.

Cet avion est construit uniquement avec des cannettes de récupération.

L'âge de raison

Sur les bords du Gange, à Bénarès, en Inde, les enfants hindous, dès sept ans, se couvrent le corps de cendres en hommage au dieu Shiva.

Faire sa première communion dans la religion catholique ou sa bar-mitsva dans la religion juive indique que l'on a l'âge de raison. En Inde, les parents considèrent que leurs enfants sont capables de comprendre les rites de la croyance hindoue vers l'âge de dix ans. Pour ressembler aux dieux, il faut essayer d'atteindre la perfection. C'est pour cela que les jeunes garçons de la communauté sâdhu, une branche de l'hindouisme, apprennent à méditer, à résister à la douleur en restant de longues heures assis dans la même position, à mendier et à vivre dans la pauvreté. Un engagement religieux difficile. L'un des rites les plus populaires en Inde est le bain sacré dans les eaux du Gange. Ce fleuve, dont la mythologie dit qu'il représente les cheveux du dieu Shiva, envoyé du Créateur sur Terre, traverse le pays de l'Himalaya au Bengale. Chaque année, des milliers d'hindous se retrouvent dans la ville sainte de Bénarès pour effectuer ce rite. Sur les bords de l'eau, les pèlerins prient, offrent des fleurs au fleuve et s'enduisent de cendres sacrées, imitant ainsi Shiva qui en est recouvert.

Autel dédié à Bouddha recouvert d'offrandes de fruits et d'encens.

Ressembler aux dieux

Garçon ou fille, en Inde ou au Népal, certaines cérémonies divinisent les enfants. Pendant une période, ils seront vénérés et respectés par les croyants.

Au Népal, une enfant peut devenir une déesse vivante, une kumari, le temps d'un court règne, jusqu'à sa puberté. Kumari signifie en sanskrit, la langue sacrée de l'hindouisme, « jeune fille vierge » ou « princesse ». Les croyants pensent que ces petites filles sont l'incarnation de Durgâ, déesse du Bien et du Mal. À Katmandou, la capitale du pays, il existe une kumari nationale qui réside dans un palais. Pour sortir, elle est portée sur un char car ses pieds ne doivent jamais toucher le sol, faute de quoi elle serait souillée. Elle fait ainsi le tour de la ville pour que ses fidèles puissent l'admirer. Pour devenir kumari, il faut appartenir à une famille d'orfèvres bouddhistes, une classe sociale aisée. Choisie par les prêtres dès l'âge de quatre ans, la petite fille ne doit présenter aucun défaut physique : ni tache ni cicatrice sur la peau. Elle ne doit pas non plus être craintive, car, pour être désignée comme kumari, elle devra se soumettre à une terrible épreuve : traverser pieds nus une pièce sombre où gisent des têtes de buffle baignant dans leur sang, déca-pitées en l'honneur des dieux.

Pour pouvoir être admirée par ses fidèles, une kumari traverse la ville en procession, à dos d'éléphant.

La fête des filles

Au Sénégal, les jeunes filles fêtent par des danses rituelles leur entrée dans l'adolescence. Cet événement est considéré comme une seconde naissance.

Autrefois, des rites de passage préparaient les adolescents à faire partie de la société des adultes. Ces rites existent encore dans de nombreuses cultures. Au Congo, certaines filles dont les cheveux ont été rasés se couvrent le corps d'une poudre de bois rouge. Cette couleur est souvent associée aux premières menstruations, mais, en Afrique, elle symbolise plutôt la « cuisson », étape par laquelle l'enfant devient adulte. Cette couleur apposée sur le corps marque le début d'une période d'isolement. Les jeunes filles devront alors éviter tout contact avec les autres villageois. Deux mois plus tard, elles prendront un grand bain dans l'eau d'une rivière, qui symbolisera leur « renaissance ». Et tout le village saura ainsi qu'elles sont en âge d'être mariées. Elles recevront des cadeaux pour fêter leur entrée dans le monde des femmes. Les Ndembus, qui vivent à la frontière de la Zambie et de l'Angola, offrent lors de ce rituel un poussin recouvert d'ocre, la couleur de la terre, pour souhaiter à ces jeunes femmes qui ne tarderont pas à se marier d'avoir de nombreux enfants.

Pendant les fêtes d'initiation krobo, au Ghana, les filles portent de hauts chapeaux de paille et des pagnes de fête rouges, couleur symbolisant la fertilité.

Être un homme

La peinture rouge sur le corps des jeunes Massaïs, au Kenya, est rituelle. Elle signifie qu'ils sont en train de franchir une des étapes de leur vie de « guerrier ».

C'est pendant la période dite de l'initiation que les aînés transmettent aux plus jeunes les principales valeurs morales, religieuses ou secrètes de la communauté à laquelle ils appartiennent. Chez les Massaïs, peuple de pasteurs du Kenya, que l'on soit fille ou garçon, les rites de passage renforcent les liens qui unissent l'homme à son troupeau. L'initiation comprend de nombreux cycles tout au long de la vie. Le rite de « sortie » symbolise le départ définitif d'un jeune garçon de la maison familiale. Au cours de cette cérémonie, célébrée en petit comité, la mère est à l'honneur. C'est elle qui a su élever l'enfant jusqu'à ce qu'il soit autonome. Un bœuf est immolé devant sa porte pour rendre hommage à l'éducation qu'elle lui a donnée. Le jeune homme reçoit alors un nouveau nom pour montrer que, désormais, il accède à un statut différent au sein de la communauté. Quelques jours plus tard, sa mère cuisinera un mouton pour l'offrir aux autres femmes du village. Le clan des femmes partagera avec elle la joie d'avoir réussi à faire de son fils un vrai Massaï, un futur guerrier.

Le bœuf est l'animal sacré des Massaïs. On n'hésite pas à l'embellir de dessins géométriques les jours de fête.

Recettes de grand-mère

Au Tibet, comme dans de nombreux pays, ce sont souvent les grands-mères qui s'occupent de l'éducation des enfants pendant que leurs mères travaillent.

Chez les Salkas, en Nouvelle-Guinée, on pense qu'une mère qui attend un nouvel enfant peut mettre en danger la vie de celui qu'elle élève déjà. Dès que la femme est enceinte, l'aîné est immédiatement confié à ses grands-parents avec qui il va tisser des liens étroits. Il arrive ainsi que, tout au long de sa vie, l'enfant ait plusieurs mères de substitution. Les Wolofs, au Sénégal, privilégient aussi les relations entre les générations. Dès leur sevrage, la grand-mère s'occupe de ses petits-enfants. Ce rôle est valorisé en Afrique, car vieillir signifie devenir sage. Les grands-mères enseignent aux enfants les chants, les contes, le langage et l'histoire familiale… Les Toucouleurs, en Mauritanie, offrent d'ailleurs lors du baptême de leurs enfants une petite somme d'argent à la grand-mère maternelle. Ce cadeau symbolique est une façon de la remercier pour son aide dans l'éducation des plus petits. Si les parents sont autoritaires, avec la grand-mère, en revanche, tout est permis, notamment les concours de plaisanteries. L'un des grands jeux d'un petit garçon Mandenka, au Mali, est de courtiser sa grand-mère : il l'appelle son « épouse ».

En Afrique, les grands-parents jouent un rôle majeur dans l'initiation des enfants.

Vénérer les ancêtres

Un jeune moine tibétain guide son maître lors d'une promenade.

Apprendre à s'inscrire dans une lignée donne parfois lieu à des rites singuliers. En Asie du Sud-Est, tout Akha doit être capable de réciter les soixante noms de ses ancêtres, notamment lors des cérémonies d'enterrement quand on honore la mémoire du défunt. Les enfants connaissent aussi leur histoire grâce aux migrations de leurs aïeux, venus en Chine depuis la Birmanie ou la Thaïlande. Aussi, chacun a vraiment le sentiment de faire partie d'une grande chaîne et imite ses parents pour devenir, à son tour, le lien entre les vivants et les morts. C'est la raison pour laquelle les enfants observent la façon dont sont disposées les offrandes de riz et de fruits sur l'autel familial. Car, si les offrandes nourrissent l'âme des ancêtres, c'est pour que ceux-ci prennent soin, depuis l'au-delà, des membres de la communauté en leur portant chance et en les gardant en bonne santé. Le jour de l'an et les périodes de récoltes ou de plantations de riz sont les moments les plus favorables pour rendre hommage aux ancêtres.

En Asie du Sud-Est, on vénère l'esprit des ancêtres, comme on le ferait pour une divinité, en se recueillant devant l'autel bouddhiste familial.

CRÉDITS PHOTOGRAPHIQUES

Couverture © **Rapho**/G. Sioen

p. 12 © **Christophe Boisvieux**
p. 12-13 © **Hoa-Qui/Explorer**/P. Bordes
p. 14-15 © **Catherine et Bernard Desjeux**
p. 16-17 © **Hoa-Qui/Explorer**/Juan/Rius
p. 18-19 © **Christophe Boisvieux**
p. 20-21 © **Rapho**/M. Friedel
p. 22-23 © **Christophe Boisvieux**
p. 24 © **DR**
p. 25 © **Hoa-Qui/Explorer**/O. Martel
p. 26-27 © **Ana**/M. & A. Kirtley
p. 28-29 © **Hoa-Qui/Explorer**/M. Renaudeau
p. 30-31 © **DR**
· p. 32 © **Cosmos**/B. & C. Alexander
p. 32-33 © **DR**
p. 34 © **DR**
p. 34-35 (haut) © **Studio X**/T. Leeser
p. 34-35 (bas) © **Hoa-Qui/Explorer**/O. Martel
p. 36-37 © **DR**
p. 38-39 © **Suzanne Held**
p. 40-41 © **DR**
p. 42-43 © **Cosmos**/R. Klingholz
p. 44-45 © **DR**
p. 46-47 © **Diaf/Photononstop**/P. Cheuva
p. 48-49 © **Étienne Dehau**
p. 50-51 © **Hoa-Qui**/M. Renaudeau
p. 52-53 © **Ana**/B. Cavanagh
p. 54 © **Hoa-Qui/Explorer**/J.-L. Manaud
p. 54-55 © **Webistan**/Reza
p. 56-57 © **Hoa-Qui/Explorer**/X. Zimbardo
p. 58-59 © **Cosmos**/ B. & C. Alexander
p. 60-61 © **Rapho**/F. Guénet
p. 62-63 © **Cosmos**/ B. & C. Alexander
p. 64-65 © **Cosmos**/Focus/K. Johantges
p. 66 © **Suzanne Held**
p. 66-67 © **Rapho**/G. Sioen
p. 68-69 © **Hoa-Qui/Explorer**/M. Renaudeau
p. 70-71 © **DR**
p. 72-73 © **Rapho**/O. Follmi
p. 74-75 © **Rapho**/R. Michaud

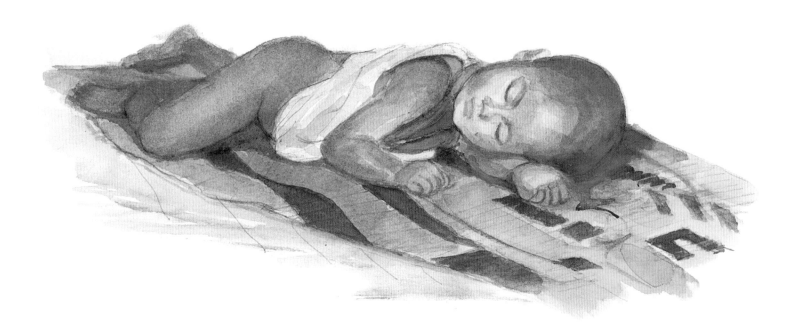

Conforme à la loi n° 49-956 du 16 juillet 1949 sur les publications destinées à la jeunesse.

ISBN 2-89428-760-7

Imprimé en Belgique chez Proost